AF287234

ELSINOR
VERLAG

Eduard Graf von Keyserling, geboren am 18. Mai 1855 auf Schloß Paddern bei Hasenpoth in Kurland, gestorben am 28. September 1918 in München. Abgebrochenes Studium (Jura, Philosophie, Kunstgeschichte) in Dorpat; vor 1890 weitere Studienzeit in Wien. Bis 1895 Gutsverwalter, dann Umzug nach München. 1899/1900 Italienreise. Nach schwerer Krankheit 1908 erblindet; die späteren Werke werden diktiert. Neben mehreren Dramen zahlreiche Romane und Erzählungen. Der erst relativ spät wiederentdeckte Keyserling zählt zu den großen Erzählern des frühen 20. Jahrhunderts.

Eduard von Keyserling

Benignens Erlebnis

Zwei Akte

Elsinor Verlag

Ungekürzte Ausgabe nach dem Wortlaut der 1. Auflage,
Berlin 1906.

Bibliografische Information der Deutschen Bibliothek
Die Deutsche Nationalbibliothek verzeichnet diese Publikation
in der Deutschen Nationalbibliografie; detaillierte bibliografische Daten sind im Internet über www.dnb.de abrufbar.

2. Auflage 2018
© für diese Ausgabe:
Elsinor Verlag e. K., Coesfeld 2009
Alle Rechte vorbehalten
Umschlag und Satz: Elsinor Verlag, Coesfeld
Umschlaggestaltung unter Verwendung von Ferdinand Georg
Waldmüller: *Bildnis einer jungen Dame bei der Toilette,* 1840
(Quelle: Zenodot Verlagsgesellschaft mbH)
Printed in Germany
ISBN 978-3-939483-12-0

Benignens Erlebnis

PERSONEN

BARON KRAFFT ZU ASCHBERG, Oberlandes-
   gerichtsrat a. D.
SIDONIE, seine Frau
BENIGNE, seine Tochter, 23 Jahre alt
BARON WENT VON HOCHSATTEL, Bruder der Baronin
ALOIS FISCHER, Student
DR. GERSTL, Arzt
KRONBERG, Diener
TONI, Dienstmädchen

Szene: Eine Villa in einer Wiener Vorstadt.
Zeit der Handlung: Oktober 1848.

ERSTER AUFZUG

Salon in der Aschbergschen Villa. In der Mittelwand eine Glastüre, die auf eine Veranda und einen Garten voll herbstlicher Bäume hinausführt. Rechts davon ein Fenster, links ein Kamin mit zwei großen Sesseln, davor ein Spieltisch. In der linken Wand zwei Türen; mehr zur Mitte abgerückt ein runder Tisch mit einem Sofa und Stühlen. In der rechten Wand zwei Fenster, dazwischen eine Türe, die von einem Vorhang verhangen ist. An den Wänden Ahnenbilder, Herren in der Richtertracht des 17. und 18. Jahrhunderts. Es ist Nachmittag, rotgoldener, abendlicher Sonnenschein, dann Dämmerung. Im Kamin brennt Feuer.

Hochsattel, ein eleganter Herr in den Vierzigern, sitzt am Kamin, streckt die Beine von sich und raucht eine Zigarre ruhig vor sich hin. Zuweilen horcht er zur Türe rechts hinüber, aus der gedämpft Stimmen schallen. Von links stürzt Toni, Dienstmädchen, im weißen Häubchen herein und eilt an das Fenster in der Mittelwand und schaut hinaus.

HOCHSATTEL Ist er schon unten, Toni?

TONI Gleich, gleich kommt'r.

HOCHSATTEL Ist es genußreich, ihn noch zu schauen?

TONI Do is'r! Freili! Schön is der Herr Leutnant!

HOCHSATTEL Das klingt überzeugt. Aber Madl, ich

8

denk', du bist mehr für die andern, für die Herren von den Barrikaden?

TONI Dös bin i a, Herr Baron! Die sind do für uns. Für den Herren Leutnant kann unser ans net sein, der is der Bräutigam von Fräulein. Aber drum kann der Herr Leutnant do schön sein. Augen zum Schauen darf mir keiner net verbieten.

HOCHSATTEL Augen zum Schauen, das gehört wohl auch zu den neuen Freiheiten?

TONI Freili! Man is do a 'n Mensch. Und anschaun wos schön is, dös is mei Recht.

HOCHSATTEL Das hat er, der Leutnant, nun doch noch vor denen voraus – die für dich sind.

TONI Was denn?

HOCHSATTEL Das Schönsein.

TONI Wartens nur, Herr Baron, wenn – wenn wir oben sind, dann werden wir a schon schön sein. Darum geht's doch.

HOCHSATTEL Wahr, Madl, wahr, darum geht's!

TONI 'n Kunst schön z' sein, wenn einer alles hat!

Durch die Türe rechts kommt die Baronin Sidonie, eine behagliche alte Dame mit sehr weißem Haar und einem geröteten, heitern Gesicht. Sie eilt an das Fenster rechts und schaut hinaus. Benigne folgt ihr und bleibt sinnend in der Türe stehn.

BARONIN Hier sieht man ihn noch. Der liebe Junge! Gott schütze ihn! *(Wischt sich die Augen.)*

HOCHSATTEL Nun, Benigne, wirst du nicht auch an das Fenster gehn und deinem Bräutigam nachschauen?

9

Benigne schaut ihn hochmütig und böse an, geht dann langsam an das Fenster und sieht hinaus.

BARONIN Jetzt schaut er sich um. *(Sie winkt mit dem Taschentuch.)*

TONI Jetzt grießt 'r. *(Winkt auch mit dem Taschentuch.)*

BARONIN Aber Toni!

TONI Ja so! Unten am Küchenfenster sieht man ihn a. *(Ab nach links.)*

BARONIN Wie sie ihn alle lieben!

HOCHSATTEL Ja, er hat Erfolg beim Volke. Das kann heutzutage wichtig sein.

BARONIN Und durch all die Gefahren kommt er zu uns. Ach! Diese schrecklichen Menschen! Er sagt, von der Landstraße haben sie sie vertrieben. Der Feldmarschall wird's ihnen schon zeigen. Gott schütze ihn, Gott erhalte ihn! Wie munter der Poldl heute war, als ob es gar keine Gefahren gäbe. Nicht, Kind? *(Zu Benigne.)* Was sagst du, Kind?

BENIGNE *(ohne aufzuschauen)* Ja – Mama.

BARONIN *(leise zu Hochsattel)* Sie ist noch ganz ergriffen. Ja, eine Braut! Und immer wieder dieser schwere Abschied. Mein Gott! Das sind Zeiten! Wie eine Spartanerin ist mein Kind.

HOCHSATTEL Wenn die Spartaner nicht immerfort in den Krieg gezogen wären, hätten die Spartanerinnen auch nicht Gelegenheit gehabt, all die hübschen Sachen zu sagen, die wir in der Schule lernen mußten.

BARONIN Ach ja! In so schweren Zeiten sagt man bald was Gutes! Aber Krieg, ich bitte dich, was ist das für ein

Krieg? Gegen solche Menschen! Studenten, die nicht lernen wollen und Arbeiter, die nicht arbeiten wollen. Was wollen die denn?

HOCHSATTEL Daß jeder von ihnen etwas will, das ist das Unmilitärischste an ihnen.

BARONIN Und unsere armen Offiziere müssen gegen solche ziehn.

HOCHSATTEL Die nicht einmal Uniformen haben.

BARONIN Übrigens, die armen Leute, vielleicht sind sie in ihrer Art gut.

HOCHSATTEL Das hilft uns nichts, wenn sie nicht in unserer Art gut sind.

BARONIN Es geht ihnen wohl schlecht. Kann man ihnen nicht was geben. Aber, am Ende, wir sind doch nicht schuld.

HOCHSATTEL Du, liebe Schwester, bist nicht schuld.

BARONIN Wer weiß! Man weiß nie, woran man schuld ist! Und nun müssen wir hier bleiben, wenn alle anderen fort sind. Selbst unser guter Kaiser ist fort. Aber was willst du mit Krafft anfangen! Er sagt, er bleibt.

HOCHSATTEL Dein Mann hat ganz recht. Er will seine Ruhe. Er sagt: «Ich bleibe, ich spiele Piquet, ich laß mich von Kronberg im Rollstuhl die Gartenwege auf- und abfahren und lasse die ganze Geschichte nicht zu mir herein.»

BARONIN Aber wenn sie schießen – wenn sie doch kommen?

HOCHSATTEL Dafür legen wir Matratzen in die Fenster und sperren die Türen zu. Kronberg und der Hausknecht haben die Pistolen, Caro durchsucht den

Garten. Die Lichter werden gebracht. Wir sprechen von längst vergangenen, schwierigen Rechtsfällen und dekretieren, es gibt keine Revolution.

BARONIN Das wäre ja gut und hübsch, wenn nur die Angst nicht wäre! Und Krafft erlaubt nicht einmal davon zu sprechen. – Jesus! Daß die Leute nicht vergessen, unten die Matratzen in die Fenster zu legen! Die Leute sind so nachlässig.

HOCHSATTEL Ziehen wir unsere Zugbrücken auf, legen wir Holz im Kamin nach, bestellen wir das Nachtmahl zur rechten Zeit, und dann soll einer noch sagen, daß in unserer Welt nicht alles in Ordnung ist.

BARONIN Ja, ja, ich muß noch schauen. *(Abgehend in der Türe, zeigt auf Benigne.)* Sprich mit ihr, heitere sie auf. Du kannst das ja. *(Ab.)*

Es dämmert.

HOCHSATTEL Nun, Benigne, schaust du immer noch deinem Verlobten nach? *(Benigne schweigt und rührt sich nicht.)* Du denkst wohl darüber nach, wie hübsch das ist, einen zu haben, der täglich durch Gefahren zu dir kommt und durch Gefahren wieder geht?

BENIGNE Es ist auch gefährlich.

HOCHSATTEL Je nun! Von der Landstraße, denke ich, hat der Feldmarschall die armen Jungen so ziemlich fortgefegt.

BENIGNE Es wird immer noch geschossen. Es kann ihm einer auflauern.

HOCHSATTEL Die verschüchterten Gesellen!

BENIGNE Verzweifelte sind immer gefährlich. *(Heftig.)* Aber ich weiß, du willst alles klein machen. Nicht wahr? Es gibt keine Gefahr? Dem Leopold kann nichts geschehn? Nicht wahr, das willst du sagen? Hier – uns, uns kann nie was geschehn?

HOCHSATTEL Bewahre! Warum sagst du es nicht gleich, daß es soll gefährlich sein?

BENIGNE Ich kenne das! Bei uns muß alles grau – grau – grau sein. Kommt mal etwas, das ausschaut, als wollte es ein wenig glänzen, gleich wird so'n grauer Überzug darüber gezogen, wie den Möbeln im Sommer ... und es ist wieder nichts. Ich glaube, wenn einer hier bei uns stirbt, dann wird das auch zu etwas Fadem, Alltäglichem, bei dem keinem was passiert. Höchstens eine Haushaltsstörung, die Kronberg was angeht.

HOCHSATTEL Ich glaube, das Interessante des Todes wird überschätzt.

BENIGNE O ja! Daß die Suppe pünktlich auf dem Tisch steht, daß Kronberg um sieben Uhr die Kerzen bringt, das sind Ereignisse, die nicht oft genug erlebt werden können. Die können nicht überschätzt werden!

HOCHSATTEL Sie haben wenigstens das für sich, daß sie lange Jahre hindurch auf ihre Brauchbarkeit hin geprüft worden sind. Aber in dir regt sich wohl die Abenteuerlust deiner Ahnen?

BENIGNE Ach, unsere Ahnen! Die waren ja alle Richter oder Präsidenten oder so was.

HOCHSATTEL Lauter Ahnen, die etwas gelernt haben, das wäre heraldisch bitter.

BENIGNE Draußen gehen Dinge vor, was weiß ich. Da

sind vielleicht Helden, Leute, die leben. Aber zu uns kommt nichts.

HOCHSATTEL Vielleicht Helden, das ist's.

BENIGNE Nicht einmal sprechen dürfen wir von diesen Dingen. Die andern fliehen und fürchten sich wenigstens. Bei uns wird nicht einmal die Furcht hereingelassen. Nun, und der Poldl, wenn er kommt, bringt doch etwas von der Luft da draußen mit.

HOCHSATTEL Auch ein Held – vielleicht. Deshalb bist du jetzt wohl gnädiger mit ihm als sonst? Gott! Dieses Schießen auf die armen Kerle! Ich sage nicht, man soll nicht schießen, aber häßlich ist's. Dein Vater hat recht. Die Matratzen vor die Fenster.

BENIGNE Häßlich! Ja, nicht wahr, für uns ist die Schönheit! Schön – schön, das sagen wir uns immer vor. Wie eine Kette ist das, an die wir gelegt werden. Ich glaube so, das wirkliche Leben fängt erst an, wo das ewige Schönsein aufhört.

HOCHSATTEL Das mag richtig sein. Aber ob du Anlagen dafür hast? …

BENIGNE Wir hier! Wir leben und wir sterben und wir lieben uns, und es ist alles nur Konversationsstunde. Der Papa ist in Pension und wir alle auch, unsere Gefühle – alles! Draußen geschehen die tollsten Sachen, aber zu uns wird nichts hereingelassen. Seit ich denken kann, glaubte ich, wenn es schellte – jetzt – jetzt – kommt ein wirkliches Erlebnis; aber es war höchstens der Doktor, der zum Piquet kam – oder du – –

HOCHSATTEL Ja – immer nur ich.

BENIGNE Und – wäre es etwas Besonderes gewesen,

Kronberg hätte doch melden müssen, die Herrschaft empfängt nicht.

HOCHSATTEL Aber deine Verlobung, die kam doch auch eines Tages und schellte – der Bräutigam, der täglich durch Gefahren zu dir kommt?

BENIGNE Du sagst ja, es kann ihm nichts geschehn. Und sich verloben, das tun ja alle.

HOCHSATTEL O! der käme auch durch größere Gefahren her, denn du fängst an, liebenswürdig gegen ihn zu sein. Es sieht jetzt wirklich zuweilen aus, als wäret ihr verlobt.

BENIGNE Er bringt etwas von – von den Dingen herein, die da draußen geschehn.

HOCHSATTEL Es steht euch Frauen so gut, wenn wir Männer in Gefahr sind.

BENIGNE Das ist wohl wieder diese ewige Schönheit, auf die wir angenagelt werden sollen?

HOCHSATTEL Und wenn wir Männer sterben, dann sind die Frauen groß, das ist ihre Apotheose.

BENIGNE Was hilft das! Bei uns sind alle Uhren angehalten. Die Toni begeistert sich für die armen Leute, die gedrückt werden, während die anderen prassen –

HOCHSATTEL Prassen?

BENIGNE Ja, dieses Wort hat sie in letzter Zeit aufgenommen. Sie erzählt mir davon, wenn sie mich frisiert. Aber wir, die Herrschaft, haben nichts, um uns zu begeistern.

HOCHSATTEL Ein Erlebnis, das gekommen ist, hast du vergessen.

BENIGNE Welches denn?

HOCHSATTEL Mich.

BENIGNE Dich?

HOCHSATTEL Mich, warum nicht? *(Spricht immer ruhig und leichthin.)* Ist das nicht eine Art Erlebnis für ein junges Mädchen, wenn immer ein älterer, eleganter Herr da ist, der sie liebt – immer – immer geliebt hat? Das junge Mädchen kann sich nicht erinnern, daß es je eine Zeit gegeben hätte, in der diese merkwürdige Liebe des älteren, eleganten Herren nicht um sie gewesen wäre. Ja, ihm wurde es mit den Jahren kälter – und klarer –, aber diese Liebe blieb immer gleich kindisch und töricht. Als das junge Mädchen sich mit einer Gesellschaftsdekoration verlobte und anfing, diese Gesellschaftsdekoration für einen Helden zu halten, da ballte der ältere Herr die Faust. Solch eine Liebe ist vielleicht lächerlich, aber sie ist doch immerhin ein Erlebnis.

BENIGNE Ach Onkel Went! Du – ja du warst immer gut. Du liebtest mich. Natürlich! Du mußtest immer da sein und mich ansehn, wie du mich ansehn kannst – das mußte so sein.

HOCHSATTEL Auch pensionierte Liebe.

BENIGNE Ich glaube, was du sagst, ist schön – und traurig. Aber, warum sagst du das nicht anders? Warum sagst du das so – so – wie wenn du mir die französische Seife und das neue Parfüm abgibst –, die du mir jedes Jahr zum Geburtstag schenktest?

HOCHSATTEL Daran wird es liegen. Wir verstehen nicht mehr zu unterstreichen. Unterstreichen ist geschmacklos, und die da draußen leben vom Unterstreichen.

BENIGNE Die da draußen machen so prachtvoll viel

Lärm, und zuweilen – sieh – da hab' ich einen so wütenden Durst nach Lärm. Ich weiß nicht recht, was die da draußen wollen. Alle sollen gleich sein, glaube ich, und sie wollen uns alles fortnehmen und die Minister töten. Gott! Das ist gleich! Man braucht ja nicht für sie zu sein, man kann auch gegen sie sein, nicht wahr? Aber etwas sein! Wir sind hier wie die Abgeschiedenen, wie Gespenster. Wir verstecken die Zeitungen und sprechen von den alten Witzen des Herren von Malesherbes und von längst verstorbenen Oberlandesgerichtspräsidenten.

HOCHSATTEL Die haben doch auch ein Recht, einmal besprochen zu werden.

BENIGNE Und dort – *(zeigt auf das Fenster)* dort schreien sie und halten Reden mit ganz großen Worten und sie schießen – und sie werden verwundet – Wunden, aus denen viel Blut fließt – und Mädchen stehn dabei und weinen und fluchen – und – das Herz brennt ihnen. Das alles ist heiß – heiß.

HOCHSATTEL Kind, trotz den Matratzen in den Fenstern ist ein seltsames Fieber zu uns hereingekommen.

BENIGNE Zuweilen höre ich durch das Fenster einen Schrei – einen Schrei, der – ich weiß nicht wie – der aber alles heraussagt, was – so hier drinnen liegt und lange schon hinaus will. Hör'. *(Lauscht.)* Hör' – dort, weit schießen sie wieder. *(Sie eilt an das Fenster und beugt sich hinaus.)* Von dort kommt es. *(Sie atmet tief.)* Diese Luft –! Es riecht nach Rauch – –, ganz ferne – Stimmen – wie leer die Straße unten ist – so – als warte sie! – Sieh – dort – dort – brennt es – – –

HOCHSATTEL Freilich! Gegen solche, die fern, irgendwo unsichtbar schreien – schießen, vielleicht bluten, – vielleicht sterben – gegen die kommt unsereins nicht auf. Wir sind sichtbar und leise und leben – also sind wir blaß und gleichgültig. *(Benigne beugt sich mehr vor.)*

HOCHSATTEL Was siehst du? *(Er geht zu ihr an das Fenster.)* Ah – diesen Mann! –

BENIGNE Wie er ausschaut!

HOCHSATTEL Ja – hm. Der schaut allerdings aus, als ob er was erlebt hätte. Er sieht wohl – ob sie ihm nachsetzen.

BENIGNE Wie er schaut!

HOCHSATTEL Ein unheimlicher Geselle!

BENIGNE Jetzt – jetzt läuft er. Ob sie kommen? Jetzt ist er an der Ecke.

HOCHSATTEL Dem sieht man den Katzenjammer nach dem Heldenrausch an.

BENIGNE Sahst du die Augen?

HOCHSATTEL Auf der Jagd beim Wild sieht man solche Augen.

BENIGNE Wie er die Straße hinabsah. Wie – wie diese Augen warteten – warteten. – So zu sehen, das muß heiß in den Augen brennen. – Alles Leben in den Augen. *(Lehnt sich bleich vor Erregung gegen die Wand.)*

HOCHSATTEL Kind, was tust du mit dir!

BENIGNE Sieh – einmal so – so sehen können! So – auf Tod und Leben!

HOCHSATTEL Komm fort, diese Luft macht dich krank!

BENIGNE Weißt du, ich – ich möcht, daß einmal einer

mit solchen Augen auf mich wartet –, Augen, die warten – warten, daß es schmerzt.

HOCHSATTEL *(bitter)* Nun ja, erlebt werden, nicht erleben – davon träumt ihr alle! Laß das, Kind! Nur daran zu denken, macht dich krank. *(Führt sie zu einem Sessel.)* Wie ist dir?

BENIGNE Es ist nichts. Es ist vorüber. *(Die Uhr schlägt.)* Jetzt kommt gleich Kronberg mit den Kerzen und der Papa. Und die Mama bringt die Kissen – und dann schellt der Doktor – die Türen werden gesperrt ...

HOCHSATTEL Und die Rumpelkammer mit den alten, teuren Sachen ist wieder einmal in Sicherheit.

BENIGNE Ob er noch läuft? An den Straßenecken bleibt er stehn und schaut – schaut die Straße hinab mit diesen Augen – diesen Ereignis-Augen.

Von links kommt Kronberg mit zwei Armleuchtern, in denen Kerzen brennen. Er ist ein greiser Diener, steif und korrekt. Er stellt einen Leuchter auf den Kamin, den anderen auf den Tisch, rückt dann den Spieltisch zwischen die Sessel am Kamin. Unterdessen kommen aus der zweiten Türe links der Baron Aschberg, ein gebeugter Siebziger mit strengem, bartlosem Gesicht, sehr weißem, schönfrisiertem Haar. Er geht mühsam auf einen Stock gestützt. Ihm folgt die Baronin Sidonie. Sie trägt mehrere Kissen im Arm. Hinter ihr Toni mit einem Fußschemel. Der Baron setzt sich auf den großen Sessel am Kamin, die Baronin richtet ihm die Kissen, Toni den Fußschemel zurecht.

BARON Jetzt erst das Licht, Kronberg? Warum? Die Dunkelheit ist widerlich in diesen Zeiten.

HOCHSATTEL Es dämmert erst.

BARON Die ist erst recht hinterlistig, diese sogenannte Dämmerung. Wer hat das Fenster geöffnet? Das will ich nicht, das wißt ihr!

BENIGNE Ich – es war so beklommen, ich wollte ein wenig frische Luft.

BARON Liebes Kind, das leid ich nicht. Frische Luft! Als ob jetzt von da draußen was Gutes hereinkommen könnte! Die Läden vor die Fenster. *(Toni und Kronberg haben die Fenster geschlossen – die Fensterläden vor die Fenster gelegt – die Vorhänge zugezogen.)* So, so! Nun fängt es wieder an, gemütlich zu werden. So, setzt euch, steht nicht herum, als sei etwas geschehn. Setz dich, Sidonie. *(Die Baronin setzt sich eilig an den Tisch.)*

BARONIN Ich sitze ja schon.

BARON Und du, mein Kind, komm her zu mir. *(Benigne geht zu ihrem Vater und kniet vor ihm nieder. Er streicht ihr mit der Hand über das Haar.)* In solchen Zeiten muß man nah' beieinander sein. *(Zu Kronberg und Toni.)* Was steht ihr? Sind die Fenster unten verstopft?

KRONBERG Alles verstopft, Herr Baron.

BARON Gut. Durchsucht mit Leo den Garten, bei dem niedrigen Gitter schleicht sich bald einer ein. Also geht, paßt gut auf. Wo der Doktor bleibt?

KRONBERG Der Herr Doktor kommt gerade die Straße herunter.

BARON Nun also. Geht – geht.

Toni und Kronberg ab nach links.

BARON *(zu Benigne)* Nachdenklich – was? Ja, so eine Braut, die hat immer über was nachzudenken, und später, als Frau, weiß sie gar nicht mehr, über was sie soviel nachgedacht hat.

BARONIN *(lacht)* Aber Vater!

BARON Laß gut sein. Deinem Poldl geschieht nichts.

BENIGNE Ich weiß, Papa.

BARON Sie weiß das. *(Lacht.)* Habt ihr gehört? Nun, dann ist's ja gut. *(Es schellt.)* Ah! Der Doktor.

Er beginnt, die Karten zu mischen. Benigne setzt sich an den Tisch. Der Doktor kommt von links. Scharfes, feines Gesicht, eisgraues Haar.

BARON Guten Abend. Doktor. So ganz pünktlich sind Sie heute nicht.

DOKTOR Guten Abend, guten Abend, meine Herrschaften. Pünktlich? Die Turmuhr hat doch –

BARON Wie die Turmuhren jetzt gehen, weiß ich nicht. Ich richte mich nach meiner Uhr.

DOKTOR Ja so – hm – natürlich! Draußen geht es wieder lebhaft zu. Auf der Wieden brennt's und schießen tun sie auch.

BARON Wenn wir das hören und sehn wollten, brauchten wir nur an das Fenster zu gehn. Wir gehn aber nicht an das Fenster – sehn Sie. Setzen Sie sich lieber und coupieren Sie.

Der Doktor setzt sich an den Kartentisch, hebt ab.

DOKTOR Zu verwundern ist's nicht. Haben Sie diese Dummheit der Minister gehört? Die wissen nicht, was sie wollen.

BARON Nein, von den Dummheiten der Minister hab' ich nicht gehört. Dazu sind wir nicht hier beisammen. Ich finde es auch nicht besonders interessant, von Ministern zu sprechen, die so ungeläufige Namen wie Horneborstel haben. Bitte – Sie sagen an. Das Nötige teilt mir Kronberg mit, wenn ich vom Mittagsschlaf aufstehe. Da ist man ohnehin schlechter Laune. Ich will Ihre Passion für die neue Zeit und die Freiheit nicht stören, lieber Doktor; aber wenn es Freiheit gibt, dann hab' auch ich die Freiheit, in meinen vier Wänden die alte Zeit weiter zu leben.

BARONIN Krafft, reg' dich nicht auf. Der Doktor sagt ja nichts mehr.

BARON Ich rege mich nicht auf. Ich stelle nur das Reglement dieses Hauses fest.

DOKTOR *(brummt)* Gut, gut! Vogel-Strauß-Reglement.

BARON *(erregt)* Bitte, wenn Ihre neue Freiheit eingeführt wird, werde ich doch auch die Freiheit haben, ein Vogel Strauß zu sein, wenn es mir beliebt. Der Vogel Strauß wird, glaube ich, mißverstanden. Ich lasse den andern ihre Freiheiten und Moden – ich – ich nehme mir die Freiheit, nach wie vor mir vor Tisch die Hände zu waschen, wenn die Herren da draußen das auch abschaffen sollten und – und –

HOCHSATTEL Und den Fisch mit der Gabel zu essen.

BARON Gewiß – das auch.

BARONIN *(zum Doktor)* Lassen Sie's gut sein, Doktor, Sie sehn.

DOKTOR Ich sag ja nichts. Also sechs Blatt.

BARON Wie gesagt, liebe Sidonie, ich rege mich nicht auf. Ich kümmere mich nur nicht um fremde Angelegenheiten. Das da draußen ist Sache des Feldmarschalls. Als ich im Amte war, erbat ich mir in juristischen Sachen auch nicht Rat von den Herren vom Militär. Doktor, geben Sie Ihrem Schuster Ratschläge, wie er Ihnen die Stiefel machen soll, und Sie sind sicher, Hühneraugen zu kriegen. Also! Übrigens hab' ich sieben Blatt.

Stille. Man hört die zum Spiel gehörenden Worte der zwei Herren. Die Baronin stickt eifrig. Benigne hat ihre Stickerei auf den Schoß sinken lassen, starrt in das Licht und horcht zuweilen hinaus. Hochsattel raucht still vor sich hin.

BARONIN Was wir für einen schönen Oktober haben. Wir können dem lieben Gott nicht dankbar genug dafür sein. Nicht, Kind?

BENIGNE *(zerstreut)* Ja, Mama.

BARONIN Heute wieder ein Sommertag. So etwas hab' ich noch nicht erlebt.

BARON Doch, im Jahre 1827 hatten wir gerade solch einen Oktober. Ich war damals Staatsanwalt in Prag. An unserem Garten blühte in dem Jahre im Oktober noch eine Rose, eine hellrote Mme. de Recamier.

BARONIN Und heute ist im Garten noch die große rote Rose aufgeblüht.

BARON Ich weiß, ich habe heute morgen zwei Stunden davorgesessen.

BARONIN Als ich sie heute morgen sah, dachte ich, die schickt uns der liebe Gott als gutes Zeichen.

DOKTOR Um Politik kümmern sich die Rosen nicht, meine Gnädige.

BARON Gott sei Dank! Der Herr Lamoignon de Malesherbes sagte – –

BARONIN *(lacht)* Ach – wieder dein alter Malesherbes –

BARON Er pflegte zu sagen –: es gibt nur ein schönes Ding, das ist eine Rose – und nur einen guten Bissen –

BARONIN *(lacht)* Aber Krafft!

BARON Das ist eine schöne Frau! *(Baron und Baronin lachen.)*

HOCHSATTEL Der Herr von Malesherbes dachte solange es ging, an Rosen – bis –

BARON Das bedauerliche Ende des Herrn von Malesherbes ist uns aus der Geschichte bekannt. Wir können das wohl ein anderes Mal besprechen, wenn du erlaubst.

HOCHSATTEL O bitte.

BARONIN Wie heißt denn unsre Rose?

BARON Die ist eine Marechale de Noailles –

HOCHSATTEL Heißt sie nach jener alten Dame, die auf der Guillotine zu ihrem Bedauern bemerkte, daß sie ihr Taschentuch in der Consiergerie vergessen hatte?

BARON Der Umstand war mir nicht bekannt. Du bist geneigt, lieber Schwager, bei dem Ende von Lebensgeschichten zu verweilen. Du hast unrecht. Am Ende kommen gewöhnlich Unannehmlichkeiten.

HOCHSATTEL Eine bestimmt –

BARON Nun – dann also – wozu.

Pause.

BARONIN *(läßt ihre Arbeit sinken)* Wie gemütlich es
heute ist. Man ist zusammen, Vater erzählt wieder die
unschicklichen Witze des Herren von Malesherbes –
ganz wie sonst. So könnte man eine Ewigkeit fort-
leben.

BARON Und diese Tapisserie – würde auch die Ewigkeit
durchdauern.

BARONIN Immer muß er necken. Ach ja, ruhig beisammen bleiben – nicht trennen. – Das Sterben müßte
auch so gemeinsam kommen. Eines Abends – gehen
alle zusammen fort. Keins bleibt allein.

HOCHSATTEL Merkwürdig, wie wir heute abend immer
wieder auf diese – letzte Unannehmlichkeit zu sprechen kommen.

BARON Ab und zu kann man wohl auch den Tod erwäh-
nen. Warum nicht? Das Sterben ist eine Einrichtung
wie – wie jede andere.

HOCHSATTEL Nur, daß wir sie nicht gemacht haben.

BARONIN *(beugt sich seufzend über ihre Arbeit)* Ach – ja –
was kann man da machen!

*Pause, dann wird die Türe links aufgerissen, Toni stürzt
erregt herein.*

BARON Was gibt's? Ich wünsche nicht, daß man in das
Zimmer stürzt, als wäre was passiert!

25

TONI Ach – Jeses! Ich weiß nicht.

BARONIN Mein Gott, was ist geschehn?

TONI I bin so derschrocken – i ka – nit reden.

BARON Ein Dienstbote muß reden können, wenn er gefragt wird.

BARONIN Sag's – schießen sie unten?

TONI 's is aner im Garten.

BARONIN Was – will er – mein Gott!

BARON So soll Kronberg ihn ersuchen, meinen Garten zu verlassen.

TONI Ich glaub', er kann nimmer. Am Gitter liegt'r – so wie tot. Und dann sprach'r noch – und hier hat'r Blut – und ganz still is'r und ganz weiß im Gesicht.

BARONIN Der arme, junge Mensch ...

BARON Das ist kein Grund, in meinem Garten ...

TONI Zwei haben ihn fangen wollen, sagt'r – und do hoben seine Freunde ihn da versteckt – Jeses – so wos!

BARON Der regelrechte Weg wäre, die Polizei zu benachrichtigen.

BENIGNE *(erregt)* O ja, damit sie ihn fangen! Er ist doch zu uns geflüchtet – er ist in Not. Doktor, warum gehen Sie nicht zu ihm? Onkel Went, geh doch – hilf ihm – bring ihn her –

BARON Her – warum?

DOKTOR Nachschaun muß man schon – –

BENIGNE *(ungeduldig)* So geht doch – er verblutet vielleicht – er stirbt – oder sie finden ihn.

HOCHSATTEL *(zur Türe gehend, zu Benigne)* Ja, du sollst dein Teil an dem da draußen haben.

BENIGNE O, so geh doch!

*Der Doktor und Hochsattel durch die Mitte ab; Toni läuft
ihnen nach. Die Türe bleibt offen. Benigne steht in der Türe
und schaut hinaus.*

BARONIN Mein Gott! Die Zeiten!

BARON Man muß doch überlegen. Bei diesem Durchein-
anderrennen – vergehen einem ja die Gedanken.

BENIGNE Überlegen?

BARON Man ist menschlich – natürlich – aber – ich kann
ihn doch nicht hier bei uns – –

BENIGNE Warum nicht hier? Warum nicht bei uns? Ist
denn dieses Zimmer heilig – weil – weil hier Piquet ge-
spielt wird? – Ach, Vater, sei nicht so – nicht so –

BARONIN Kind – was sprichst du?

BARON Kann ein alter Mann denn nicht seine Ruhe haben. – Überlegen kann man doch.

BENIGNE Da kommen sie.

*Der Baron zieht sich in eine Ecke zurück, in der Türe
erscheinen der Doktor und Hochsattel, die Alois Fischer
führen, einen jungen Mann in ungeordnetem,
blutbeflecktem Anzug, ohne Hut. Das schwarze Haar
fällt ihm vor über das todesbleiche, noch fast
knabenhafte Gesicht. Kronberg folgt mit
einer Laterne.*

DOKTOR So, so geht's ja. Nur noch ein paar Schritte –
*(Benigne hat den Sessel, auf dem der Vater gesessen hat,
herangeschoben.)*

HOCHSATTEL Setzen Sie sich. Schmerzen, was?

Alois wird in den Sessel gesetzt, Benigne rückt die Kissen zurecht, weicht dann wie scheu zurück.

DOKTOR *(beugt sich über Alois, untersucht ihn)* Hier ist's besser als da unten – was? Zu hell? Schließen Sie nur die Augen.

ALOIS Sie – sie kamen mir nach – ich konnte nicht mehr – die Resi war dann auch fort –

DOKTOR Ja – abbekommen haben wir schon was. – Na – nur Mut. Ein bissel Wein müssen wir haben. *(Kronberg nach links ab. Der Baron nähert sich zögernd.)*

ALOIS Der alte Herr ist wohl böse. – Ah – ich wollte ja nicht –

BARON Ja – das Eindringen in den Garten ist allerdings nicht gestattet ...

ALOIS Dort unten im Dunkeln war's gut ... ich habe da gut geschlafen, glaub' ich. Alles war fort – alles –; und es roch dort gut nach – nach Rosen. Dort wär' ich gern geblieben.

BARON Das Übernachten in Gärten ist nicht erlaubt.

ALOIS Ich – ich muß wohl gehn –?

BARON Ich bedaure Ihren – hm – Unfall. Ihr Erscheinen stört zwar die Ruhe des Familienkreises, aber die Pflichten der Menschenliebe sind mir bekannt – –

ALOIS Ich – ich bin ja sein Feind.

BARON Die Menschenliebe befiehlt hier, ein Obdach zu geben.

BENIGNE Ja – hier – hier nebenan *(zeigt nach rechts)* wird er bleiben – ich hab' es Kronberg gesagt.

BARONIN Jesus, das arme Kind!

ALOIS Die Resi wird sicher – warten –

BARON Der Aufenthalt dieser Dame ist uns unbekannt.

ALOIS Mein Madl. Sie wollte bei mir stehn, dort, wo sie schossen. Aber ich schimpfte sie und sie wurde böse.

DOKTOR Nur Ruhe. Die findet Sie schon – die Resis sind klug – jetzt bleiben wir hier.

BARON Warum hier – aber? Da kann man ja gleich die ganzen Barrikaden heraufholen –

BENIGNE Vater, sprich nicht so – jetzt nicht – du siehst ihn doch. Wir sind gesund und sicher und er leidet – und blutet – sieh – das ist Blut – das ist sein Recht – wer anders soll hier ein Recht haben?

BARON Was ist mit ihr?

BARONIN Laß sie – reg sie nicht auf. –

Kronberg bringt einen Becher mit Wein. Benigne kniet vor Alois und hält ihm den Becher hin.

BENIGNE Trinken Sie, das wird Ihnen gut tun.

ALOIS Ein silberner Becher! Aus einem silbernen Becher hab' ich noch nie getrunken. *(Trinkt.)* Ja – das ist gut, heiß und süß. *(Richtet sich ein wenig auf und sieht Benigne an.)* Sie – Sie – sind wunderschön – gnädige Frau.

Vorhang

ZWEITER AUFZUG

Dasselbe Zimmer wie im ersten Akt. Die Türen zur Veranda stehen offen. Goldenes Nachmittagslicht liegt über den roten Herbstbäumen. Kronberg ordnet ernst und böse die Kissen auf dem großen Sessel. Der Baron schaut vorsichtig durch die Türe links, kommt dann langsam näher.

KRONBERG Er is da draußen, Herr Baron. *(Zeigt auf die Veranda.)*

BARON So – hm. Ich wollte nur meine Patience-Karten haben.

KRONBERG Schwach scheint er.

BARON Ich habe Sie darnach nicht gefragt. Meine Karten suche ich – nicht ihn.

KRONBERG Entschuldigen Herr Baron. *(Will zum Kartentisch eilen.)*

BARON Lassen Sie, ich finde sie selbst. Sie haben andere zu bedienen.

KRONBERG Das gnädige Fräulein befahl den Stuhl hier bereit zu machen.

BARON Gut, gut. Tun Sie – was sie sagt. Ich – ich mache meine Patience im Schlafzimmer. Hier ist kein Platz.

KRONBERG Daß sowas kommen kann!

BARON Weiß man denn, wie – wie er heißt – dieser – dieser junge – Herr?

KRONBERG Fischer – Alois Fischer, sagt' er, heiß' er.

BARON Fischer – so! ja – so heißt man häufig in jenen
Kreisen.

KRONBERG Ich hätte nicht gedacht, daß ich noch Herrn
Fischer zu bedienen bekommen werde.

BARON Kronberg – Haltung! Sie vergessen sich. Wir
können's nicht ändern, das gnädige Fräulein hat's so
eingerichtet, ich kann mich beklagen, wenn ich will,
aber Sie müssen bedienen. Sie bedienen nicht Herrn
Fischer, sondern Fräulein Benigne. Man braucht nicht
zu bedienen, aber wenn man bedient, bedient man immer gleich.

KRONBERG Ich tue, was befohlen wird.

BARON Also!

KRONBERG Nur ist es nicht leicht, einen zu bedienen, der
nicht bedient zu sein versteht.

BARON Kronberg, was sprechen Sie da? Sie bedienen,
weil Sie ein Diener sind, nicht? Das ist Ihre Kunst.
Ob Herr Fischer Sinn dafür hat, ist seine Sache.

KRONBERG Und bei dem schönen Wetter können der
Herr Baron nicht mal im Garten herumfahren.

BARON Warum?

KRONBERG Weil der fremde Herr den Rollstuhl hat.

BARON Ich sage nichts.

KRONBERG Leicht is' nicht so zu sehn, wie der Herr Baron im eigenen Hause nicht seine Bequemlichkeit haben – und im Schlafzimmer sitzen und die Karten aus-
legen.

BARON Sie vergessen sich, Kronberg. Ihr gutes Herz
kenn' ich, aber ich wünsche nicht, es ohne weiteres
serviert zu bekommen. Sie haben anzunehmen, daß,

was hier geschieht, – mit meinem Willen geschieht. Es schickt sich nicht, daß Sie etwas anderes annehmen. Bin ich schon so – nichts – hier, daß mein Diener mich bemitleidet?

KRONBERG Verzeihen Herr Baron. Ihr alter Diener – –

BARON Gut – gut. Wir sind aus unserer Ordnung heraus, da kommt manches vor – – – So, hier sind die Karten. Bringen Sie den Tee auf mein Schlafzimmer. Und dann – – – wer ist draußen?

KRONBERG Das gnädige Fräulein, der Herr Doktor und der Herr Baron sind bei dem Fremden.

BARON So – so, die sind alle bei ihm. Ich würde den Herrn Doktor gern auf ein Wort ...

KRONBERG Ich rufe ihn. *(Geht an die Mitteltüre, spricht hinaus.)*

BARON Und dann, Kronberg ...

KRONBERG *(wendet sich um)* Sie rufen dort.

BARON Dann gehn Sie, in Gottes Namen. *(Kronberg ab.)* Sie rufen dort! –

Der Doktor und Hochsattel kommen im Gespräch durch die Mitteltüre.

DOKTOR An die Kugel nicht anzukommen. Und was die da drin verrichtet, das is nicht zu berechnen. Ob das Herz das mitmacht bei dem Blutverlust – *(zum Baron)* wir sprechen von Ihrem Gast. Bedenklich.

BARON So, ja! mein Gast – ich bedaure.

DOKTOR Wird wohl noch Ihr Gast bleiben müssen – vorläufig – –

BARON So – ich sage nichts – –

DOKTOR Diese Kugel da drin, – die kann uns Überraschungen machen – denn die Gefahr einer Embolie, – denken Sie sich ein Fäserchen – – –

BARON Bemühen Sie sich nicht, Doktor. Ich weiß nicht, was *meine* Organe in *meinem* Körper tun, wenn sie unter sich sind. Ich würde es also noch weniger verstehn, welchen Einfluß eine fremde Kugel auf die Organe eines mir fremden jungen Mannes haben kann. Er ist jetzt draußen?

DOKTOR Er leidet an Beklemmungen – – –

BARON Dazu ist die Veranda da.

Baronin kommt von links mit einer Tasse und geht schnell zur Veranda.

BARONIN Ich bringe ihm die Bouillon. *(Ab.)*

DOKTOR Unbequem ist es für Sie, aber in diesem Zustande kann ich ihn nicht gut fortbringen.

BARON Das habe ich auch nicht verlangt. Ich wünsche nicht, so wie heute morgen, von meinem einzigen Kinde angeredet und angesehn zu werden – als – als sei ich ein Ungeheuer. Benigne ist mitleidig – gut. Ihr alle seid mitleidig. Ich will aber nicht, daß alle mich anschauen, so – als – als wär was nicht in Ordnung an meiner Kleidung, wohl weil ihr glaubt – ich bin nicht mitleidig. Also bitte – Herrn Fischer steht das Haus zur Verfügung, ich mache in meinem Schlafzimmer Patience – ist das vielleicht auch herzlos?

HOCHSATTEL Gott! Ein gutes Herz haben, ist keine Be-
schäftigung, die den ganzen Tag füllt.

BARON Ich danke dir, daß du mir diese Ausrede an die
Hand gibst.

DOKTOR Wer weiß, vielleicht ist's nur für kurze Zeit –

BARON Sterben? Bedauerlich. Ich wünsche niemandem
den Tod, das wäre unmoralisch. Merkwürdig, früher
tat man das bei sich zu Hause – meist. Jetzt ist das
anders.

HOCHSATTEL Ja, seitdem die *jungen* Leute die feierliche
Sache für ältere Leute an sich gerissen haben.

*Baronin kommt von der Mitte eilig und geht zur Türe links,
die Tasse in der Hand, und bleibt dort stehen.*

BARON Gut, gut. Wir besprechen das ein andermal.
Also – ich sage nichts. Ich bin auch mitleidig – bitte.

BARONIN Ach – und er ist so gut, der arme Junge.

BARON Um so besser. Also nähren Sie Herrn Fischer gut,
wenn er das nötig hat. Benigne ordnet das an. Der
junge Mann ist verwundet und so weiter. Das ist sein
Vorteil – das heißt – sein Recht auf uns, sagt Benigne.
Schön. Sie sind ohnehin alle mit Herrn Fischer be-
schäftigt.

BARONIN Ich mache mit dir Patience, Krafft.

BARON *(an der Tür links)* Mit der Partie, Doktor, ist's
heute abend – wohl – Nein, nein – ich weiß –

BARONIN Ich spiel' mit dir. *(Baronin und Baron ab.)*

HOCHSATTEL Der arme alte Herr. So in die Menschenliebe, wie in Uniform gesteckt zu werden, ist nicht leicht.

DOKTOR Hören Sie, Baron, Sie haben auch Platz für weiche Gefühle! Da is 'n blutjunger Mensch, der sich für seine Überzeugung –

HOCHSATTEL Oder für die Überzeugung der anderen –

DOKTOR Das ist ja gleich. Alle können nicht Produzenten sein. Die meisten von uns sind nur Konsumenten von Überzeugungen.

HOCHSATTEL Gut. Also der blutjunge Mann –

DOKTOR Läßt sich mir nichts – dir nichts – für seine Überzeugung eine Kugel in den Leib jagen, will nur Zeit haben, um zu Kräften zu kommen – oder – Gott – ja – ich steh für nichts. Und da können Sie noch den alten Herrn bedauern, weil er einen Abend nicht Piquet spielen wird.

HOCHSATTEL Regen Sie sich nicht auf, Doktor, Sie überschätzen die Mühe des Bedauerns.

DOKTOR Benigne hat ganz recht, den Alten im Zügel zu halten.

HOCHSATTEL Ja, wenn die Barmherzigkeit die Frauen überkommt, dann werden sie Tyrannen.

DOKTOR Das ist gleich, wenn sie auch nur eine Puppe haben will zum Spielen –

HOCHSATTEL Oder einmal Schicksal –

DOKTOR Das ist dasselbe. Aber unser Patient muß herein ... allein sein – schlafen. Sie sprechen da draußen zu viel. Wenn 'n Mädchen wie Benigne mit einem Schicksal spielen will, kann das ein gesundes Herz angreifen, und nun noch bei dem Puls. *(Tritt in die Türe, ruft hinaus.)* Herein, jetzt nur herein. Ja –, 'n Rausch von frischer Luft is auch nicht gut ... so – Kronberg fassen Sie an.

35

Durch die Mitte schiebt Kronberg einen Rollstuhl herein, in dem Alois zwischen Kissen ausgestreckt liegt. Benigne geht neben dem Rollstuhl her.

BENIGNE Die Sonne war noch so warm, Doktor.

DOKTOR Jetzt müssen wir Ruhe haben – Ruhe vor der Sonne – und der schönen Dame – allem, jetzt schlafen –

ALOIS Dann – dann gehn Sie wohl fort – gnädige Frau?

BENIGNE Nein, ich bleibe – ich sitze hier und passe auf, daß nichts – Böses in Ihren Traum kommt – sowas von den traurigen Dingen da draußen.

HOCHSATTEL Ich dachte, die Dinge da draußen – die sind gerade – das –

BENIGNE Ach, sprich nicht. – Was könnt ihr wissen –

DOKTOR Nein, jetzt bleibt der Patient allein – er wird schon selbst für seine Träume sorgen. Kronberg wird auf ihn achtgeben.

ALOIS Ja, – ich glaube, ich werde gut schlafen. Ich will immer den Gartenweg sehen – ganz gelb zwischen den roten Bäumen. Und die schöne Dame geht ihn hinab – langsam hinab – ganz schmal und weiß. Und am Ende des Weges steht der Rosenstock, mit der großen, roten Rose.

DOKTOR Recht so! Solche Träume verordne ich gern meinen Patienten.

ALOIS Und dann – wenn ich erwache –

BENIGNE Dann bin ich wieder da – und ich erzähle Ihnen wieder.

ALOIS Ja – so von vornehmen – weißen – glücklichen Dingen. *(Lehnt den Kopf zurück und schließt die Augen.)*

DOKTOR Jetzt fort. Er schläft schon ...

BENIGNE Wie ein Kind.

HOCHSATTEL Es bekommt dir gut, Benigne – so – gut zu sein.

BENIGNE *(leise und erregt)* Sprich du nicht von ihm –, sieh ihn gar nicht an. Er muß ja frieren, wenn du ihn ansiehst. Du haßt ihn – ich weiß.

HOCHSATTEL Ich?

BENIGNE Ja, ihr alle –

HOCHSATTEL Das hast du wohl nötig um – um ihn ganz für dich zu haben –

BENIGNE Ich versteh euch nicht. Ich fürchte mich vor euch wie – vor – vor –

HOCHSATTEL Gespenstern, sagtest du gestern.

BENIGNE Du – du willst das alles auch nur zu so einer ironischen Redensart machen –, aber dieser ist wirklich – seine Wunden sind wirklich, und wenn er leidet, ist es wirklich und – und wenn er sich freut ist's wirklich. Gott, mir ist's, als wäre ich weit von euch fort – – –

HOCHSATTEL Wenn du zu uns zurückkommst, Kind, bring uns etwas von dieser Wirklichkeit mit –

DOKTOR Nun fort, meine Herrschaften. *(Drängt Benigne und Hochsattel zu der Mitteltüre hinaus.)* Kronberg, geben Sie acht auf ihn. Ich geh' in die Stadt.

Ab durch die Mitteltüre. Kronberg steht regungslos da und schaut Alois mißmutig an.

ALOIS *(öffnet halb die Augen)* Ach, Herr Diener, *wollen* Sie hier stehen?

KRONBERG Ob ich will, is meine Sache. Das gnädige Fräulein haben befohlen.

ALOIS Ich glaube, Sie tun's nicht gern. *(Kronberg zuckt die Achseln.)* Und – ich glaube, – ich werde eher schlafen – wenn Sie nicht hier stehn – wenn Sie mich nicht ansehn –

KRONBERG Ich kann woanders hinsehn – wenn es gewünscht wird.

ALOIS Tun Sie das – Herr. Es stört mich, angesehn zu werden, weil es befohlen ist. Am liebsten wär's mir, Sie gingen hinaus.

KRONBERG Ich kann ins Nebenzimmer gehn – wenn Sie's wünschen, Herr Fischer.

ALOIS Ja, wenn Sie so gut sein wollen. Sie brauchen mir das nicht übelzunehmen. Denn, sehen Sie, unterhalten kann ich mich jetzt nicht recht – und – ich glaube, meine Unterhaltung würde Sie auch nicht besonders interessieren.

KRONBERG Wenn Sie etwas wünschen, brauchen Sie nur zu rufen.

ALOIS Ich danke, Sie sind sehr freundlich. Ich wollte Sie nicht verletzen. *(Kronberg ab nach rechts, Alois lehnt sich wieder zurück, seufzt tief auf, schließt die Augen.)* So – jetzt geht – sie – wieder – den Weg hinab – langsam – langsam – schmal und weiß.

Schläft. Der Baron steckt seinen Kopf durch die Türe links, schaut sich um, kommt dann vorsichtig in das Zimmer, geht auf Alois zu, setzt sich ihm gegenüber und beobachtet ihn neugierig und gespannt.

Alois wird unruhig, murmelt «Resi» – schlägt
die Augen auf und schaut fremd um sich.

BARON *(verneigt sich leicht)* Ich – ich wollte Sie nicht stören. Ich hoffe, ich habe Sie nicht gestört.

ALOIS Ist sie da?

BARON Ich weiß nicht, wen Sie meinen.

ALOIS Die Resi.

BARON Sie erwähnten diesen Namen schon gestern, aber, wie gesagt, diese Persönlichkeit ist mir unbekannt.

ALOIS Mir träumte – mir träumte – ich – stand unten im Garten – und da kam die Resi – und sie war ganz schwarz angezogen – da wußte ich – daß ich gestorben war.

BARON Hm – ja. Gegen Träume können wir uns leider nicht wehren.

ALOIS Und Sie – alter Herr – warum sitzen Sie hier?

BARON Ich dachte, dazu doch das Recht zu haben. Schließlich bin ich – – –

ALOIS Sitzen Sie lange schon hier und sehn mich an?

BARON Ich bin eben gekommen.

ALOIS Sie wollten wohl ein wenig lernen, wie man stirbt?

BARON Es wäre wohl nicht taktvoll, wenn ich mich jetzt mit Ihnen über diesen Gegenstand unterhalten wollte.

ALOIS Im Traum hab ich's wieder gefühlt – so wie da draußen – als sie mich fortführten und ich nicht gehn konnte – und dacht, nun ist's aus – –

BARON Es ist wohl nicht zuträglich, sich da hinein zu denken.

ALOIS Ganz anders ist's, als ich geglaubt habe – ich

glaubte – einer steht da draußen und schießt und ruft und 's is heiß – heiß in einem und man schreit und ballt die Faust, – haben Sie mal so ordentlich geschrieen und die Faust geballt – ?

BARON Nein – das – ist nicht meine Gewohnheit.

ALOIS Nicht? Tut man das nicht bei Ihnen? Das ist denn doch etwas Gutes, das Sie nicht haben. Ja, man schreit – und ballt die Faust und – und will für die andern sterben –, na und dann trifft's einen – und man fällt hin – und das Leben fließt – fließt warm aus einem heraus – so daß 's fast wohltut – so, als ob einer redet und alles heraussagen kann –

BARON Hm – ich fürchte – im Sterben – erlebt man nicht – so – so – angenehme Dinge –

ALOIS Nein, nein! anders ist's. Jetzt weiß ich's. Als sie mich dort in den Garten gelegt hatten, da kam's über mich. Nein, wie ein graues, kaltes Tuch ist's, in das wir gewickelt werden –

BARON *(schauert ein wenig in sich zusammen)* Ich denke, wir wechseln den Gesprächsgegenstand. Für uns beide kann es nicht –

ALOIS Grade uns beide geht das was an. Wissen Sie, was es war, was mich dort unten anpackte? Wenn ich als Kind dort oben in Böhmen in der Fabrik im Bette lag, und Mutter nähte an der Lampe, und wenn ich mal aufwachte – dann dämmerte es an dem Fenster, – so wie'n schmutzig blauer Rauch lag's auf den Scheiben – in der Lampe war fast kein Öl mehr. Mutter saß daran ganz bleich – und alles war bleich – bleich – als ob sie alle auslöschen wollten – aus. Pfui!

BARON Bedauerlich! Hm – ja – Ihre – Ihre Frau Mutter wird um Sie besorgt sein?

ALOIS Mutter ist – dort oben in Böhmen die schwarze Marri.

BARON O! wirklich! Und Sie, – Sie studieren?

ALOIS Ja, der dicke Aufseher gab das Geld dazu her.

BARON Sehr freundlich von dem Herrn.

ALOIS *(lacht)* Ja – er is sehr freundlich, der Dicke. Wenn er am Samstag Abend zum Fenster hinausliegt, die Pfeife im Maul, dann ruft er 'runter, die schwarze Marri soll raufkommen. Ein freundlicher Herr, der Dicke. Na – und so bin ich da. Er wußte nicht, der Dicke, daß er dort in dem Dämmerstündchen für – die neue Zeit arbeitet. *(Lacht.)*

BARON Hätte ich gewußt, daß diese Verhältnisse so peinlicher Natur sind, so hätte ich sie nicht berührt.

ALOIS Ach! Da ist nichts peinlich. Das muß so sein. Haben Sie einen Sohn – Herr?

BARON Ich bedaure – ich – habe keinen Sohn.

ALOIS Der würde vielleicht auch gegen Sie sein. – Der würde vielleicht auch stehn – wo ich gestanden habe –

BARON Wie gesagt, ich habe keinen Sohn. Das ist aber kein Grund, von ihm sowas anzunehmen. – Bitte –

ALOIS So, Sie hätten ihn auch so – so still und leise gemacht – so – wie hier alles ist? Warum haben Sie mich hier heraufgebracht – Herr?

BARON Sie ließen mir keine Wahl.

ALOIS Sie konnten mich unten liegen lassen. Ich bin Ihr Feind.

BARON Menschenliebe. – Ich bin kein Ungeheuer.

ALOIS Gut sein – Almosen geben – das braucht ihr – das ist euer Luxus. Satt und gut. Aber wir sind hungrig und böse. – Das ist unser Recht –

BARON Mein Herr. Ich teile Ihnen meine politischen Meinungen nicht mit – es ist – rücksichtslos – mich mit Ihren Ansichten zu behelligen.

ALOIS Rücksichtsvoll, nein, das sind wir nicht. – Ich sag ja, – ich passe hier nicht herein; ich bin nicht gut, ich bin nicht rücksichtsvoll. Hier – hier darf man nicht hassen – nicht wahr? Wenn einer hier stirbt – so weiß er nicht, wofür er stirbt. Hier is 'ne Welt ganz in weiße, blanke Wolle gewickelt, da geht kein Ton durch – ein Berg von weißer Wolle, der drückt nach unten, und die unten können nicht atmen, – aber oben bei euch hört man nichts – alles weiß und weich – und still –

BARON *(erregt)* Herr, wir haben getan für Sie, was wir konnten. Sie haben Pflege, – Sie haben meinen Roll-stuhl und ich fahre nicht im Garten spazieren, Sie ha-ben mein Zimmer, und ich lege im Schlafzimmer Pa-tience. Sie stören hier die Ordnung und – und dann sagen Sie – hier noch Malicen. Das ist undankbar, Herr Fischer. Wenn Sie auch mein Gast sind, ich muß es Ih-nen sagen: das ist undankbar, Herr Fischer.

ALOIS Ach ja! Aber man wird das ewige Dankbarsein so müde.

BARON Ich verlange keinen Dank von Ihnen, wenn das in Ihren Kreisen nicht Sitte ist, aber Achtung verlange ich. Bei mir, in diesem Hause, werde ich geachtet. Ich bin ein alter Mann, ich habe dem Kaiser und dem Staate gedient. Jetzt will ich geachtet werden. Hier in diesem Hause darf kein Wort gesprochen werden, das nicht Achtung ist. Jeder Stuhl hat mich hier zu achten. Das ist mein Recht. Davon leb' ich.

ALOIS Davon leben Sie! Und wir haben die Achtung herzugeben, von der ihr lebt. Nicht? – Das is so unsere Lohnzahlung an euch. – Aber die Kasse wird geschlossen, mein lieber Herr.

BARON Sie – Sie sind sehr frech, junger Mann.

ALOIS Ja – Mütze ab vor allem Alter – nicht wahr? Ob was wert ist oder nicht. Aber wir werden sehn – jetzt wird vor dem Neuen – vor der Zukunft Front gemacht – alter Herr ...

BARON *(sehr erregt)* Hier ist keine Volkssammlung, mein Herr – hier ist mein Haus, – ein ehrenwertes Haus, mein Herr, dessen ungebetner Gast Sie sind – hier –

Während der letzten Worte ist Benigne in der Türe erschienen, eine rote Rose in der Hand haltend. Sie ist einen Augenblick stehengeblieben, dann geht sie hastig vor.

BENIGNE *(stellt sich schützend vor Alois)* Vater, was tust du ihm?

BARON Ich? Ja – hm – er sagt da Sachen – wir sprachen –

BENIGNE Sieh, wie erschöpft er ist.

ALOIS Es ist nichts. Der alte Herr ärgerte sich. Nun ja ...

BARON Ich sage meine Meinung. Wenn hier schon kritisiert wird ...

BENIGNE Er sollte schlafen.

BARON Sich mich nicht so an, Kind. Gut – ich sage nichts. Bitte, der Herr soll kritisieren – weil er krank ist.

ALOIS Ah, es tut gut, wieder mal laut sprechen zu hören.

BARON Ich kann ja gehn. Ich brauche nicht zuzuhören. *(Geht zur Türe.)* Die Rose da – wohl vom Garten – die letzte –

BENIGNE Er sieht sie gern.

BARON Bitte, bitte. – Er soll nur alles nehmen. Ich werd' mich wohl auch hinlegen müssen und krank sein, um auch – – von – – bitte – bitte –.

BENIGNE *(legt die Rose auf Alois' Knie)* Ich hab' sie ihm hereingebracht, weil er nicht zu ihr herauskann –

BARON *(wendet sich in der Türe um)* Unsere letzte Marechale de Noailles. *(Ab.)*

BENIGNE *(setzt sich nah zu Alois, der matt daliegt und sie lächelnd ansieht)* Hat er Sie gekränkt?

ALOIS Nein – nein – er war böse, der alte Herr – weil – weil ich undankbar bin – sagt er –

BENIGNE Ach, das ewige Danken, wozu ist das gut!

ALOIS Und dann sprachen wir von den Dingen da draußen.

BENIGNE Sie sollen davon nicht sprechen, sagt der Doktor.

ALOIS Ja, ich hatte geträumt – – –

BENIGNE Sie sollen doch von stillen, guten Dingen träumen.

ALOIS Ja –, anfangs hab' ich den Weg gesehen und Sie sind auf diesem Wege gegangen. Immer nur das.

BENIGNE Und dann – wer vertrieb mich?

ALOIS Die Resi ist dagestanden, mit ihrem schwarzen Tuch.

BENIGNE Und ich – ich war fort?

ALOIS Fort! Ich bin wieder unten auf der Straße gestanden, gerufen hab' ich, geschrieen – und da –

BENIGNE Und da?

ALOIS Gut ist's gewesen, so laut zu rufen – Freiheit – Freiheit, das macht stark.

BENIGNE Die ist wohl was ganz Großes, diese Freiheit?

ALOIS Die! die ist – ich weiß nicht, die ist alles – alles, was gut ist, die macht, daß die, die weinen, wieder lachen können, und dann wieder, daß uns ist, als ob wir allen ins Gesicht schlagen, die uns was getan haben, die macht, daß wir wachsen – wachsen.

BENIGNE Und Sie fürchten sich nicht? Sie wollen sterben, nicht wahr? Sterben und sterben sehen?

ALOIS Selbst braucht man nicht zu wollen. Ein anderes, etwas ganz Starkes will für einen.

BENIGNE Das muß gut sein!

ALOIS Alle, die wir da zusammenstehen, sind eins, ein Leben. Voll, zum Überfließen voll bin ich von dem Leben der andern. Die andern schreien heraus, was ich fühle. Es ist so, als ob meine Stimme übermenschlich laut herausruft, was ich fühle.

BENIGNE Und dann – dann traf es Sie?

ALOIS Ja, dann ist's gekommen.

BENIGNE Sie wollten sterben, nicht wahr, für die andern, Sie waren glücklich.

ALOIS Nein, nein, da ist's anders gewesen. Ich weiß nicht, alles Gute ist fortgewesen. Allein bin ich gewesen und Lärm und Finsternis. Gefürchtet habe ich mich. Nur das.

BENIGNE *(unwillig)* Nein, nicht das. So kann's nicht sein.

ALOIS Ja, so ist's gewesen.

BENIGNE Und wo war sie, sie, die –

ALOIS Wer?

BENIGNE Nun sie, sie, die Sie liebt.

ALOIS Das Madel? die ist nicht dagewesen, ich hab' sie fortgeschickt gehabt. Was soll sie –

BENIGNE Die konnte fortgehen? Und diese Mädchen dürfen doch alles. Sie dürfen lieben, wen und wie sie wollen, die dürfen hingehen, wohin sie wollen, die dürfen schreien und fluchen und dann – dann lassen sie sich fortschicken!

ALOIS Was soll sie dort?

BENIGNE Und jetzt, wo ist sie jetzt?

ALOIS Die Resi, ja, die wird mich suchen, weinen wird sie um mich und dann –

BENIGNE Und dann?

ALOIS Die findet einen andern, die ist brav und sauber.

BENIGNE Ja solche, die gehen, wenn sie fortgeschickt werden.

ALOIS Ein Madel müssen wir haben. Schlecht geht's einem. Das Madel wartet auf uns. Man drückt sich aneinander. Man ist nicht allein.

BENIGNE Ich wäre nicht fortgegangen. Ich hätte neben Ihnen gestanden. Ich hätte Sie bedeckt, als Sie fielen. Ich hätte meine Hand in die Wunde gelegt, damit das Blut nicht fließt. Und dann, dann wäre nichts Häßliches gekommen. Wir hätten uns nicht gefürchtet. Das Große hätten wir zusammen erlebt.

ALOIS Sie dort – gnädige Frau? Nein, wo Sie sind, ist das alles sehr weit fort. Alles ist fort – alles – nur eins –

BENIGNE Eines nur?

ALOIS Ja, Sie, gnädige Frau.

BENIGNE Und das mit der Freiheit und mit dem Haß ist fort und ich –.

ALOIS Sie und herum ist's still und hell.

BENIGNE Sie denken nicht mehr an die, die weinen und für die Sie sterben wollten. Ich – ich bin da?

ALOIS Sie sind da.

BENIGNE Und als ich fort war, da haben Sie nach der Türe gesehen, haben gewartet, so daß es Ihnen in den Augen brannte.

ALOIS Ja, gewartet hab' ich.

BENIGNE Und das macht Sie glücklich, daß das andere fort ist und ich, nur ich da bin?

ALOIS Das ist so still.

BENIGNE Sie denken nicht an die andern, die unglücklich sind, an alles dort unten?

ALOIS Das ist nicht da. Weiße Tücher verhängen hier alles. Hier kann man nicht wollen. Still liegen und Sie sind da, gnädige Frau.

BENIGNE Doch, Sie müssen wollen, stark wollen, leben wollen, um bei mir zu sein. Und wenn einer Sie fortnehmen will, dann hassen Sie ihn so, wie Sie dort unten haßten, ist es so, sagen Sie?

ALOIS Hier kann man nicht lieben und nicht hassen.

BENIGNE Das will ich nicht. Nicht so. Glücklich sollen

Sie sein. Glücklich durch mich, so glücklich, daß Sie ein Leben davon leben können – mich fühlen – ganz stark – ganz wild, das will ich, einmal – einmal will ich das. *(Sie küßt ihn.)*

ALOIS Für ein Wunder kann man nicht leben.

BENIGNE Sterben – jetzt? Wenn wir glücklich sind, wollen wir nicht sterben. Und ihr da unten, ihr könnt doch wollen, ganz stark wollen, wollen, so daß ihr es zwingt.

ALOIS Ja dort!

BENIGNE Diese – diese Freiheit, für die wollten Sie leben.

ALOIS Ja die – die wollen ist Leben.

BENIGNE Aber das ist alles fort – die Freiheit und die andere, die sich fortschicken ließ, und die Freunde. Aber ich bin da und jetzt gehört das alles mir, nicht? Sagen Sie? So das Wilde, Heiße und Starke. Zu uns haben Sie das – zu uns haben Sie das hereingebracht, für mich. Ich hab' darauf gewartet.

ALOIS Auf dem Gartenweg hin- und hergehen – hin und her. Und dann kommen die alten Herren mit den bleichen stillen Gesichtern und der alte Diener steht und sieht mich an, weil es befohlen ist.

BENIGNE Was kümmern uns die andern. Wir sind allein. Sie und ich. Mir gehören Sie.

ALOIS Gehören, ja, wie die Stühle und die Uhr. Ich muß auch so ruhig sein, denn ich bin so müde.

BENIGNE Nicht so! Liebe, die alles gut macht, für die man lebt, so was gibt es, so was muß es geben dort – dort – bei euch.

ALOIS Man träumt und träumt – man kann nicht er-
wachen.

BENIGNE Dort am Fenster habe ich gestanden, hinunter
gehorcht, gewartet, gewartet und da –

ALOIS *(wehrt sie ab)* Verzeihen Sie, gnädige Frau, seien
Sie nicht böse, aber eng ist's hier, das Atmen ist hier
schwer. Ja, Sie sind gut und schön, ich weiß. Das
können Sie, das ist Ihr Geschäft. Aber wir – wir sterben daran. Ich bin's nicht gewöhnt, einem zu gehören, wenn ich auch krank und verwundet bin, so in 'n
Glaskasten gestellt zu werden. So 'n Glaskasten, das ist
doch diese Liebe, von der Sie sprechen. Nehmen und
behalten, das könnt ihr. Ich glaube unten, wo's nach
Pulver riecht und wo Lärm ist, da könnt' ich wieder
atmen. Hier – nein, hier ist's wie in 'nem lauen süßen
Wasser, das steigt, steigt. Nein – fort will ich! Loslas-
sen sollt ihr mich.

BENIGNE *(die scheu zur Türe rechts zurückweicht)* Ich? –
Was hab' ich Ihnen getan? *(Während der letzten Worte
ist Hochsattel in der Türe rechts erschienen und hat ruhig
zugehört. Benigne erblickt ihn und eilt wie schutzsuchend
auf ihn zu.)* Oh – Onkel Went – du …

HOCHSATTEL Nu – Benigne – hast du dich mit deiner
Wirklichkeit ein wenig gestritten? Ja, das ist so ihre un-
freundliche Gewohnheit.

BENIGNE Ich weiß nicht. Ich hab' ihm nichts getan. Er
ist böse. Warum?

HOCHSATTEL Er fürchtet sich vielleicht vor dir.

BENIGNE Vor mir? O nein –! Er weiß, daß ich für ihn
bin. Auf seiner Seite. Er sagt, ich tu ihm wohl.

49

Während des Gespräches liegt Alois still mit geschlossenen Augen da.

HOCHSATTEL Du sagtest doch – wir hier sind – wie – wie – die Gespenster. War es nicht so?

BENIGNE Aber ich – ich will ja sein Leben leben. Er erzählte mir von seinem Leben – und von dem, was er hofft – und dann schickt er mich fort. – Ich verstehe nicht.

HOCHSATTEL Ich fürchte, für ihn gehörst du doch zu uns – den ...

ALOIS *(wie im Schlaf)* Und – die – Resi – kommt nicht –

HOCHSATTEL Hör'. – Ich glaube, jetzt ist er wieder sehr weit fort – von uns – von dir ...

BENIGNE Er träumt wieder von den traurigen Dingen – die ihn schmerzen. Er soll das nicht!

HOCHSATTEL Er ist wohl jetzt in seiner Welt. In seiner Wirklichkeit –, denn wir – auch du – sind für ihn wohl der Traum.

BENIGNE Nein! So ist es nicht! Ich will das nicht! Ich will kein Traum sein und kein Gespenst ... Ich bin für ihn wirklich. Er sagt, wenn ich da bin, ist alles andere fort. Du sagst das nur, um alles grau und kalt zu machen.

HOCHSATTEL Gott! Wir alle gehn herum und suchen jemanden, für den wir wirklich sind, der uns unsere Wirklichkeit bestätigt. Wir sind unserer Wirklichkeit so unsicher –

BENIGNE Er sagte, ich mache ihn glücklich.

HOCHSATTEL *(mit verhaltener Erregung)* Sieh, Kind,

wenn es täglich nachmittags hier schellt und es immer wieder der Onkel Went ist, dann ist es vielleicht auch immer wieder einer, der kommt, nachzusehen, ob er seit gestern hier nicht wirklicher geworden ist –, etwas mehr, als ein altgewohntes Bild.

BENIGNE Du – Onkel Went – du bist mein Freund.

HOCHSATTEL Ja, ja – ich weiß. Wenn einer der Freund eines jungen Mädchens ist, dann ist er ganz besonders ein altgewohntes Bild, das man erst bemerkt, wenn es fortgenommen wird und der leere Fleck an der Wand bleibt.

BENIGNE Warum sprichst du so? Verstehst du denn nicht, was er hier hereingebracht zu uns mit seinen Schmerzen und seinem Leben?

HOCHSATTEL *(erregt)* O, das versteh ich sehr gut. Er hat dir gezeigt, wie reich du bist. Du stehst mit deinen vollen Händen vor ihm und willst, daß er an dich glaubt, daß er sich beschenken läßt. – Aber er – er lebt in seiner Welt, du und deine freigebigen Hände sind ihm ein fremder Traum.

BENIGNE Er weiß, daß ich ihn verstehe, – daß ich mit ihm lebe – –

HOCHSATTEL Wir erleben doch aus uns selbst.

BENIGNE Dort, die da unten –

HOCHSATTEL Die – die drängen sich auch wohl aneinander und schreien und lassen sich von großen Worten das Herz warm machen, um aus ihrer Einsamkeit herauszukommen.

BENIGNE Ich will nicht einsam sein.

HOCHSATTEL So ist nun einmal diese Welt. Diejenigen,

die mit vollen Händen dastehn und schenken wollen,
an die glauben die nicht, die beschenkt werden sollen,
und den Hungernden wird ihr Hunger nicht geglaubt.

BENIGNE Warum sprichst du so bitter? Hab ich dir was
getan? Hat er dir was getan?

HOCHSATTEL *(lächelt)* Du hast recht. Der junge Mann
hat wirklich etwas zu uns hereingebracht, das unser
Gleichgewicht stärkt, etwas, das uns aus unserer Ordnung bringt, sagt dein Vater. Die alten Bilder fangen
an, gefühlvoll zu werden, und das ist nicht ihr Beruf.

BENIGNE Ich weiß – es muß mehr geben, als all dieses
Stille und Traurige – –

HOCHSATTEL Was weiß dein junger, bleicher Freund von
dem, was er dir gebracht! Mach es, Kind, wie die Ro-
senstöcke deines Vaters – still im Sonnenschein stehen
und sich freuen, daß sie so reich an Blüten sind. Aber
unser junger Freund ist erwacht.

Alois hat die Augen aufgeschlagen und sieht die beiden an.

ALOIS Gehört sie Ihnen?

HOCHSATTEL Sie haben geruht. Das hat Ihnen wohlge-
tan?

ALOIS Ich meine, ob Sie sie lieben – Herr?

HOCHSATTEL Ja – sehn Sie, wir hier, wir fragen einan-
der wohl: «Rauchen Sie?» oder «Singen Sie?» – aber
nie «Lieben Sie?»

ALOIS Vor mir fürchtet sie sich.

BENIGNE *(kniet zu ihm nieder)* Nein! Das vorher – das
war ein Traum – nicht wahr? Jetzt darf ich bleiben? ...

ALOIS Dort – die anderen warten – warten – ich muß –

HOCHSATTEL Die Kameraden und die Freiheit – die warten – bis Sie kräftiger – – sind. Jetzt müssen Sie ruhn. –

ALOIS *(nach Atem ringend)* Weit – alles das ist ganz weit. Wenn ich nur ein bissel Luft hätte – nur das –

HOCHSATTEL Kronberg *(Kronberg von rechts)*, den Doktor! *(Kronberg ab.)*

BENIGNE Mein Gott! Er – er leidet.

ALOIS Dunkel is' – helfen Sie – gnädige Frau – bei Ihnen ist's hell – –

BENIGNE Helfen – wie – wie – So hilf ihm doch!

HOCHSATTEL *(beugt sich über Alois)* Wie kann ich! *(Alois stirbt.)* Er – er hat seinen einsamsten Augenblick.

BENIGNE *(weinend)* – nein – er soll nicht – er nicht.

HOCHSATTEL Ja, Kind, weine um ihn. Die Toten sind gefällig, die stören unsere Träume nicht.

BENIGNE Die Toten? Warum muß er sterben? Er konnte leben – er wollte leben – warum muß er sterben und wir, du und ich, wir dürfen leben – und er –

HOCHSATTEL Wir! ja, ich weiß nicht. Vielleicht, weil wir nichts Rechtes haben, für das wir sterben könnten.

Von links Baron Aschberg vorsichtig hereinschauend.

BARON Was gibt's hier?

Hochsattel macht eine stumme bedauernde Bewegung. Der Baron kommt langsam näher.

BARON O – das bedaure ich. Mein Beileid. Nun hat Herr
    Fischer aber doch diese Erfahrung vor uns andern vor-
    aus.

Vorhang

TEXTGESTALT UND AUFFÜHRUNGEN

Der Text dieser Ausgabe folgt der ersten Ausgabe des Werkes: *Benignens Erlebnis. Zwei Akte,* Berlin: S. Fischer Verlag 1906. Diese sehr sorgfältig korrigierte Fassung wurde weitestgehend unverändert übernommen; nur gelegentlich wurden einzelne Schreibungen einem späteren Standard der – nicht reformierten – Rechtschreibung angepaßt. Der Deutlichkeit halber wurde die Zeichensetzung an einigen Stellen geringfügig korrigiert. Die Wiedergabe der Regieanweisungen hat der Verlag dort, wo es möglich war, lesefreundlicher gestaltet, ohne dabei den Wortlaut des Originals anzutasten.

Benignens Erlebnis, Keyserlings letztes Bühnenstück, wurde am 8. März 1905 am Münchener Schauspielhaus uraufgeführt.

ERLÄUTERUNGEN

7   Oktober 1848: Im Anschluß an die französische Februarrevolution von 1848 brach in Wien die Märzrevolution aus; Staatskanzler Metternich trat zurück und floh ins englische Exil. Am 6. Oktober begann der von Arbeitern und Studenten getragene Wiener Oktoberaufstand. Am Ende siegte allerdings das kaisertreue Militär über die aufständischen Demokraten.

17   Malesherbes: Chrétien Guillaume de Lamoignon de Malesherbes (1721–1794), französischer Jurist und Minister unter Ludwig XVI.; unterstützte die Aufklärung und den Gedanken der religiösen Toleranz; er starb unter der Guillotine.

21   Wieden: 1848 eine Vorstadt von Wien; heute ein Wiener Gemeindebezirk

21   coupieren: Karten abheben

23   Mme. de Recamier: Die Rose ist benannt nach Jeanne-Françoise-Julie-Adelaïde Récamier (1777 bis 1849); die Gegnerin Napoleons führte in Paris einen einflußreichen Salon.

ZEITTAFEL

1855   Eduard Graf von Keyserling wird am 18. Mai auf Schloß Paddern bei Hasenpoth (Aizpute) in Kurland als drittletztes von zwölf Geschwistern geboren. Besuch der Schule in Hasenpoth und des deutschen Gymnasiums in Goldingen (Kuldiga).

1874   Studium in Dorpat

1877   Erzwungener Abbruch des Studiums wegen eines Bagatellvergehens. Keyserling ist deshalb in den Kreisen des kurländischen Adels gesellschaftlich isoliert. Aufenthalt in Wien (vor 1890).

1887   *Fräulein Rosa Herz. Eine Kleinstadtliebe* (Roman)

1892   *Die dritte Stiege* (Roman). Keyserling lebt wieder in Kurland und verwaltet die mütterlichen Güter.

1894   Tod der Mutter

1895   Umzug nach München, zusammen mit den Schwestern Henriette (gest. 1908) und Elise (gest. 1915). Keyserling gehört zur Schwabinger Boheme.

1897   Ausbruch eines Rückenmarkleidens

1899   Italienreise mit den Schwestern

1900   *Ein Frühlingsopfer* (Schauspiel)

1901   *Der dumme Hans* (Schauspiel)

1903   *Beate und Mareile. Eine Schloßgeschichte*, der Auftakt zu den Erzählungen aus der baltischen Adelswelt

1904   *Peter Hawel* (Schauspiel)

1906 *Benignens Erlebnis* (Schauspiel)
1908 Keyserling erblindet; die späteren Werke diktiert
      er seinen Schwestern.
      Dumala (Roman)
1909 *Bunte Herzen* (Novelle)
1911 *Wellen* (Roman)
1914 Wirtschaftliche Schwierigkeiten, da der Erste
      Weltkrieg Keyserling von den Einkünften aus
      den Familiengütern abschneidet. – Die Schwe-
      ster Hedwig übernimmt in den späteren Jahren
      die Pflege des schwerkranken Bruders.
1916 *Am Südhang* (Erzählung)
1917 *Fürstinnen* (Roman)
1918 Keyserling stirbt am 28. September in München.
1919 *Feiertagskinder* (Roman)

INHALT

EDUARD VON KEYSERLING

im Elsinor Verlag

Am Südhang. Erzählung, Coesfeld 2006
112 Seiten, Paperback, ISBN 978-3-939483-00-7

Benignens Erlebnis. Zwei Akte, Coesfeld 2009
64 Seiten, Paperback, ISBN 978-3-939483-12-0

Bunte Herzen. Novelle, Coesfeld 2008
120 Seiten, Paperback, ISBN 978-3-939483-08-3

Ein Frühlingsopfer. Schauspiel in drei Aufzügen,
Coesfeld 2008
124 Seiten, Paperback, ISBN 978-3-939483-11-3

Feiertagskinder. Roman, Coesfeld 2006
108 Seiten, Paperback, ISBN 978-3-939483-02-1

www.elsinor.de